AF267166

COMPAGNIE UNIVERSELLE

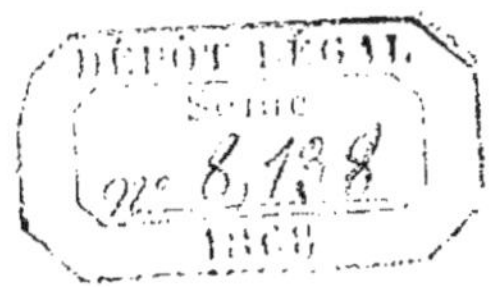

DU

CANAL MARITIME DE SUEZ

TRANSIT DES NAVIRES

EXPOSÉ

DE

*M. Ferdinand DE LESSEPS, Président-Directeur de la Compagnie,
à MM. les Membres de la COMMISSION chargée d'examiner
les conditions de l'Exploitation du Canal, au nom du
Conseil d'Administration et du Comité de Direction.*

PARIS

IMPRIMERIE CENTRALE DES CHEMINS DE FER

A. CHAIX ET Cie

RUE BERGÈRE, 20, PRÈS DU BOULEVARD MONTMARTRE.

1868

COMPAGNIE UNIVERSELLE

DU

CANAL MARITIME DE SUEZ

TRANSIT DES NAVIRES

EXPOSÉ

DE

M. Ferdinand de LESSEPS, Président-Directeur de la Compagnie,
à MM. les Membres de la COMMISSION
chargée d'examiner les conditions de l'Exploitation du Canal,
au nom du Conseil d'Administration et du Comité de Direction.

MESSIEURS,

Convaincu de la possibilité de creuser un canal maritime, direct, sans écluses, entre la mer Rouge et la mer Méditerranée, j'eus l'occasion, en 1854, de préparer l'exécution de cette œuvre d'un intérêt universel qui devait rapprocher de 3,000 lieues l'Occident et l'Orient du monde : le mouvement commercial augmentait chaque jour d'activité sur tous les points du globe ; le besoin de voies nouvelles, sûres et rapides, se faisait partout sentir ; la transformation de la marine à voiles en marine à vapeur témoignait du désir de multiplier les relations ; l'Europe tournait les yeux vers l'extrême Orient où elle entrevoyait de vastes marchés d'échange ; le grand principe de l'association des capitaux entrait dans nos mœurs ; enfin l'Égypte était gouvernée par S. A. Mohammed-Saïd, prince éclairé, prêt à protéger une entreprise si intéressante non-seulement pour l'Égypte, mais encore pour toutes les nations.

J'adressai, le 15 novembre 1854, à S. A. Mohammed-Saïd un mémoire, daté du camp de **Maréa**, où je lui soumettais un projet de jonction des deux mers.

Le 30 novembre suivant, Son Altesse signa le premier acte de concession, et le 15 janvier 1855 je remis à MM. les ingénieurs Linant-Bey et Mougel-Bey des instructions qui leur permirent de rédiger, le 20 mars, un avant-projet du percement de l'isthme de Suez.

Le 30 avril de la même année, dans un rapport que je soumis au vice-roi, et qu'il approuva, je lui fis part des études faites et des projets élaborés.

Il ne restait plus qu'à exécuter l'œuvre du canal de Suez en appelant le concours des capitaux.

Mais, auparavant, il fallait que rien de ce qui touchait à l'entreprise ne restât dans l'ombre, que l'étude de l'exécution des travaux fût approfondie jusque dans ses moindres détails, que l'opinion des personnes les plus autorisées devînt publique, et qu'enfin le caractère universel du projet fût solennellement affirmé.

Une commission internationale fut formée. Elle réunissait dans son sein de savants ingénieurs de l'Angleterre, de la Hollande, de la Prusse, de l'Autriche, de l'Italie, de l'Espagne et de la France.

Avec un dévouement sans bornes, cette commission poursuivit sa tâche, et en décembre 1856 elle termina son rapport qui non-seulement concluait à la possibilité de l'exécution d'un canal direct d'une mer à l'autre, mais encore déterminait avec un soin et une exactitude remarquables les moindres détails du problème, fixant le devis des dépenses et prévoyant toutes les nécessités.

Le meilleur éloge qui puisse être fait de l'intelligence pratique avec laquelle cette commission formula ses évaluations est de constater que l'exécution des travaux ne s'est presque pas écartée du programme et que la somme fixée comme dépense totale avait été exactement calculée.

En effet, si la Compagnie du canal de Suez a vu son capital s'augmenter d'une somme de 84 millions d'abord et ensuite de 100 millions provenant d'une émission d'obligations, c'est que, d'une part, le gouvernement égyptien a préféré se délivrer de certaines charges qui lui étaient imposées par les actes de concession, moyennant une indemnité fixée par un arbitrage de l'empereur Napoléon, et, d'autre part, que la Compagnie a dû consacrer 100 millions à créer et approprier les terrains qui lui avaient été concédés, dépense fructueuse dont le montant intégral, capital et intérêts, lui reviendra.

Le terme assigné à l'exécution de l'entreprise n'aurait même pas été dépassé, sans les transformations de travail et les retards qui ont été la conséquence d'oppositions politiques.

L'intervention des représentants scientifiques de l'Europe a été une grande force pour la Compagnie : elle a fait le public juge des résultats, et, lorsque les capitaux nécessaires pour exécuter le canal furent appelés, vous savez avec quel élan la souscription fut couverte.

Aujourd'hui, Messieurs, le canal est fait. Le 1er octobre 1869 les navires de toutes les nations pourront passer d'une mer à l'autre sans rompre charge.

A mesure que le canal s'achevait, le problème si intéressant de son exploitation se posait. Le but doit en être ainsi défini : *rendre la traversée du canal la plus rapide et la plus facile possible, pour tous les navires, dans la mesure de la conservation des travaux exécutés et dans les conditions les plus économiques pour la Compagnie, afin de réserver aux Actionnaires les bénéfices les plus larges.*

Le comité de direction a fait rédiger et remettre à nos ingénieurs et chefs de services un questionnaire prévoyant, dans tous ses détails et toutes ses hypothèses, le problème de l'exploitation, en invitant chacun à formuler individuellement son opinion.

Nous mettons sous vos yeux les rapports de M. Voisin-Bey, agent supérieur en Egypte, directeur général des travaux ; de M. Guichard, chef du service du transit et des transports ; de MM. les ingénieurs Laroche, Gioia et Larousse, chefs des divisions de Port-Saïd, d'El Guisr et de Suez ; de M. Cadiat, ingénieur de la marine, chef du bureau des travaux à Paris.

Nous vous soumettons, en outre, le procès-verbal de la séance tenue à la Chénaie, le 5 octobre 1868, avec les personnes compétentes que nous venons de nommer, séance dans laquelle les opinions individuelles ont été examinées et discutées.

L'expérience des besoins de la navigation acquise par nos agents est telle que l'accord le plus parfait s'est trouvé établi sur presque tous les points. Si quelques solutions de détail diffèrent encore, ce sont moins des opinions opposées que des appréciations d'opportunité.

Nous avons tenu à réserver entières les divergences, et certaines parties du projet d'exploitation comportent deux solutions.

Avant de formuler un programme définitif nous avons voulu, cette fois encore, lui donner la consécration d'une intervention des plus autorisées et nous vous avons priés, Messieurs, de vouloir bien vous réunir en commission pour nous faire bénéficier de vos lumières et de votre expérience.

Avant d'entrer dans l'exposé des faits, permettez-nous de vous remercier, au nom des actionnaires et au nom du Conseil d'administration, du concours précieux que vous nous accordez.

I

Du mouvement maritime entre les deux mers.

Nous avons pu déterminer le total du mouvement maritime et commercial entre l'Europe et les pays favorisés par le percement de l'isthme de Suez. Cette étude préalable était indispensable : il fallait établir exactement le nombre de navires et de tonneaux appelés à transiter d'une mer à l'autre par le canal. Il a suffi, d'ailleurs, de réunir au mouvement maritime existant par le cap de Bonne-Espérance le mouvement de transit à travers l'Egypte pour obtenir notre chiffre total.

En 1865, ce mouvement, évalué en tonnes officielles, atteignait le le chiffre de six millions de tonneaux.

Il ne restait qu'à déterminer la progression régulière de ce même mouvement maritime, pour établir ce qu'il doit être dès la première année de l'exploitation du canal, c'est-à-dire en 1870.

La commission hollandaise, chargée par le roi des Pays-Bas de « rechercher les conséquences probables du percement de l'isthme » et dont faisait partie l'éminent ingénieur M. Conrad, président de notre première commission scientifique internationale, entreprit, comme vous le savez, en 1856 des travaux statistiques pour évaluer le tonnage devant passer par le canal et adopta l'opinion généralement établie d'une progression d'un dixième par an

Nous aurions donc pu simplement appliquer cette progression au mouvement constaté en 1865 ; mais, résolus de ne laisser subsister aucun doute à ce sujet nous avons comparé ce mouvement maritime entre 1855, 1860 et 1865. La progression annuelle d'un dixième s'est vérifiée constamment. Il en résulte que, dès la première année de l'exploitation du canal de Suez, le mouvement maritime et commercial entre l'Europe et les pays favorisés par le percement de l'isthme sera d'environ 11 millions de tonneaux.

Mais, tenant compte des hésitations qui pourront se produire, du temps plus ou moins long que mettront un certain nombre de navires à exécuter les voyages qu'ils auront entrepris par le Cap avant de revenir à leur port de départ, nous avons cru prudent de ne compter, quant à présent, pour l'organisation de notre exploitation, que sur un mouvement de 6 millions de tonneaux officiels, et même n'admettons-nous, pour la première année, qu'un mouvement de 3 millions de tonneaux.

Nous sommes convaincus de la rapidité relative avec laquelle le mouvement maritime total s'effectuera par le canal ; mais, fidèles à nos principes d'économie, nous ne voudrions pas charger notre première année d'exploitation de la dépense qui résulterait de l'achat d'un matériel proportionné à un mouvement de 11 millions de tonneaux. A mesure que le mouvement se développera au-delà de 3 millions de tonneaux, la première année, et de 6 millions de tonneaux les années suivantes, lesquels 6 millions ne représenteraient que la moitié du mouvement réel, nous pourrons sans inconvénient, sur notre recette annuelle de transit des navires, lorsqu'elle s'élèvera de 30 à 60 millions de francs, prendre les sommes nécessaires pour augmenter au fur et à mesure notre matériel.

Nous avons donc prévu notre exploitation sur un chiffre moyen de 6 millions de tonneaux.

Ici, une seconde étude nous a été imposée : nous avons dû rechercher, eu égard à leurs destinations et aux conditions nautiques des mers qu'auront à parcourir les navires, comment paraissait devoir se répartir, dans chaque sens et dans chaque saison, l'affluence des diverses catégories de navires qui passeront par le canal : navires à voiles, navires mixtes et navires à vapeur.

Deux opinions extrêmes se sont produites desquelles il faut également tenir compte.

Les uns admettent qu'aux époques de la plus grande affluence, il y aura dans le canal, par jour, de 40 à 45 navires se répartissant plus ou moins inégalement.

D'autres ont établi que le mouvement de la navigation sera, dans les divers mois de l'année, de 20 à 25 navires par jour, dont 10 navires à vapeur se répartissant également et 15 batiments à voiles se répartissant au contraire d'une manière très-inégale dans les deux sens.

Cette divergence d'opinions, quant au nombre de navires représentant notre total de 6 millions de tonneaux, provient de ce que les uns ont attribué aux navires effectuant les transports entre l'Europe et l'Asie une moyenne de tonnage supérieure à celle adoptée par les autres.

Il est évident que le tonnage moyen des navires qui effectuent actuellement les transports d'Europe en Asie est relativement élevé, grace aux nombreux steamers postaux, et que le tonnage moyen des navires de grande navigation tend de plus en plus à augmenter. D'un autre coté, il est important de tenir compte du nombre considérable de voiliers, notamment grecs, turcs, autrichiens et italiens, qui se livreront au petit cabotage dans la mer Rouge et passeront souvent le canal.

En résumé, notre désir étant de rendre la traversée du canal la plus facile possible par la sureté des moyens que nous offrirons aux navires pour effectuer ce passage, nous ne voyons aucun inconvénient à ce que le chiffre maximum ne soit pas perdu de vue.

Nous verrons, d'ailleurs, dans la suite de ce projet d'exploitation du canal, que cette évaluation ne sera pas la cause d'une augmentation de matériel et par conséquent de dépense.

II

Du canal maritime.

Avant de déterminer le meilleur mode de traction à adopter, il convient de rappeler sommairement comment est creusé le canal.

En arrivant à Port-Saïd, dans la Méditerranée, les navires trouveront un vaste avant-port complétement protégé par deux jetées mesurant, l'une 2,700 mètres, l'autre 1,800, et de grands bassins intérieurs.

De Port-Saïd à Suez le canal mesure 162 kilomètres de longueur. Il peut se diviser en trois parties distinctes :

1° La partie à grande section, où le canal a 100 mètres de largeur à la ligne d'eau et une section mouillée de 375 mètres carrés;

2° La partie des seuils, où le canal a 58 mètres à la ligne d'eau et une section mouillée de 304 mètres carrés;

3° La partie des lacs Amers, où l'espace navigable est indéterminé.

Les 162 kilomètres de canal se divisent régulièrement ainsi qu'il suit, en partant de Port-Saïd :

Lac Menzaleh et lac Ballah, grande largeur....... 60^k,5
Seuil d'El-Guisr, petite largeur................. 15
Lac Timsah, grande largeur..................... 8^k,1
Seuil du Sérapeum, petite largeur....... 10
Débouché dans les grands lacs Amers, grande lar-
   geur.. 4^k,4
Grands lacs Amers, largeur indéterminée........ 16
Petits lacs Amers, largeur indéterminée......... 20
Débouché du seuil de Chalouf dans les petits lacs,
   grande largeur............................... 2
Seuil de Chalouf, petite largeur............... 6
Plaine de Suez, grande largeur................ 20

Total................... 162^k

Vous avez, sur les plans qui vous ont été remis, les profils des deux sections à grande et petite largeur, et vous pourrez ainsi, en toute connaissance de cause, apprécier la solution du problème qui consiste à fixer la vitesse avec laquelle devront naviguer les navires dans le canal, soit qu'ils marchent avec leur propre propulseur, soit qu'un remorqueur les entraîne.

III

Des vitesses.

Notre but principal, Messieurs, est de nous attacher à faciliter les mouvements des navires. Il est reconnu que plus un navire marche vite, mieux il gouverne.

On ne regarde pas comme possible, dans un canal, de laisser toute latitude à ce sujet : en outre de la régularité des opérations qui veut qu'une vitesse soit limitée afin que les navires conservent entre eux la distance nécessaire, il est important de tenir compte de la récente exécution des travaux, de l'effet que peut produire le flot sur les berges qui ne sont point encore couvertes de végétations protectrices. Mais, d'un autre côté, cette vitesse ne saurait être réduite au-dessous du terme nécessaire pour gouverner.

La question de vitesse est donc posée entre ces deux extrêmes : 1° nécessité de bien gouverner ; 2° conservation des travaux exécutés.

Deux opinions se sont produites à ce sujet sur lesquelles j'appelle plus spécialement votre examen, cette question des vitesses étant en quelque sorte capitale.

Nos ingénieurs, au seul point de vue de la conservation des berges et des talus, et réserve faite de quelques travaux d'enrochement à continuer pour leur protection, n'admettent que les vitesses suivantes pour les navires ayant une surface plongée au maître-couple de 50 à 60 mètres carrés ; savoir :

A la traversée des seuils, soit sur un développement de 31 kilomètres, une vitesse de 7 kilomètres à l'heure ;

Sur les portions du canal à grande largeur présentant un développement de 95 kilomètres, une vitesse de 8 kilomètres ;

Enfin, à la traversée des grands et petits lacs Amers, ensemble 36 kilomètres, une vitesse de 10 à 12 kilomètres.

Cette limite est-elle indispensable à la conservation des berges ? La question nous paraît devoir être ainsi posée, parce qu'il est incontestable que plus la limite de vitesse pourra être augmentée dans les diverses parties du canal et plus seront grandes les facilités du passage, notamment pour les navires postaux, lesquels ont un immense intérêt à gagner du temps.

On a dit qu'il valait peut être mieux commencer par limiter le plus ssible la vitesse, en considération de la conservation des berges, l'expérience de quelques mois d'exploitation suffisant pour se rendre exactement compte de l'effet produit par le flot. Mais, n'y a-t-il pas intérêt majeur à accorder, dès le premier jour, aux services postaux, qui représenteront un transit minimum de 400,000 tonnes la première année, les facilités les plus larges? Et en augmentant les vitesses, ne donne-t-on pas une garantie de plus de sécurité aux navires gouvernant mieux? En tenant compte de ces diverses considérations, la limite indiquée plus haut est-elle indispensable à la conservation des berges?

Tel n'est pas l'avis de notre chef du service de transit, qui admet les vitesses de 7 1/2 à 8 kilomètres dans le canal à petite section et de 10 kilomètres dans les grandes sections. Dans les lacs, la vitesse pourrait ne pas être limitée.

Dans la traversée des lacs Menzaleh et Ballah, soit une longueur de 60 kilomètres, la vitesse de marche des navires peut être aussi augmentée, car la berge ouest est garnie d'une ligne d'enrochements, destinée à protéger la conduite d'eau douce et les deux banquettes noyées se tapissent d'herbes marines très-vivaces qui défendent le terrain contre toute érosion.

Sur les canaux de Hollande, qui ont une profondeur de $5^m,50$ à 6 mètres, une largeur au plafond de 10 mètres, et des talus inclinés à 2 1/2 pour 1, on admet pour les grands bateaux à vapeur libres une vitesse de marche de $7^k,5$ à l'heure ; 9 kilomètres pour ceux qui remorquent les grands navires de mer. Pour les bateaux à vapeur d'un faible tirant d'eau, à hélice ou à roues, une vitesse de 12 et même 15 kilomètres est admise. Aucune limite de vitesse n'est imposée aux voiliers marchant seuls ou halés.

Dans la traversée des lacs Amers, il sera d'autant plus nécessaire d'augmenter la vitesse des navires qu'ils auront à subir des effets de houle et de courants transversaux.

Peut-être serait-il utile de déterminer à l'avance la vitesse avec laquelle un navire pourra gouverner, d'en faire la base d'une limite générale, en réservant la faculté d'augmenter les vitesses limitées, suivant les cas, en tenant compte de la nature du navire, de ses formes, de sa force, du service qu'il fait, jusqu'au maximum au de-là duquel il y aurait un sérieux danger pour la solidité des berges.

IV

De la traction.

Les navires à vapeur, steamers, express ou mixtes devant traverser le canal en faisant usage de leur propre propulseur, la question de la traction ne saurait s'appliquer qu'aux navires à voiles.

Il ne paraît pas nécessaire d'établir une distinction entre les steamers à hélice et les steamers à roues qui traverseront le canal. Les grands navires de mer, à roues, sont admis à naviguer aux mêmes conditions que les navires à hélices, sur les canaux de Hollande, sur le canal Calédonien, sur le Danube, etc.

Deux systèmes de traction étaient possibles dans le canal, et nous les avons étudiés avec un très-grand soin. Devions-nous y installer des toueurs agissant sur chaîne noyée ou livrer tous les voiliers au remorquage simple?

Si l'on admettait, *à priori*, le premier mode de traction, la Compagnie devait se munir d'un matériel complet, neuf, et consacrer à cette organisation une grande dépense.

En admettant, au contraire, l'adoption du système de remorquage, la dépense d'organisation devenait relativement insignifiante.

Vous comprenez, Messieurs, l'importance qu'a eue pour nous cette constatation! Et pour que vous puissiez l'apprécier, nous croyons devoir vous présenter sommairement la composition du matériel de remorquage que nous possédons.

Pour le transport de nos déblais, les entrepreneurs de nos travaux se servent de porteurs munis de machines de **35** chevaux marins de **225** kilogrammètres, soit environ **105** chevaux effectifs. Notre service de transit se sert, pour ses transports de Port-Saïd à Ismaïlia, de remorqueurs munis de machines de **25** chevaux marins. Le service de nos ports est fait par un remorqueur puissant, *l'Alexandra,* et par des remorqueurs à aubes qu'utilisent nos entrepreneurs.

A l'achèvement des travaux, le matériel de nos entrepreneurs devant nous revenir, nous transformerons en remorqueurs les trente-cinq porteurs de déblais. Cette transformation sera rapide et économique : il suffira de remplacer les portes par une fonçure pleine et d'installer au centre le point d'amarrage pour les remorques, en les lestant de manière à leur donner un tirant d'eau convenable. Ils pourront remorquer des voiliers de 500 tonneaux à une vitesse de 7 à 9 kilomètres à l'heure.

Ainsi, sans aucune dépense importante, nous aurons à notre disposition, dès le premier jour de l'exploitation, une flotte de remorqueurs, savoir :

35 porteurs transformés en remorqueurs de 35 chevaux marins ;

9 remorqueurs de 25 chevaux, provenant du service de transit;

3 remorqueurs à aubes, provenant du matériel de nos entrepreneurs;

1 remorqueur puissant, à aubes, faisant actuellement le service de la rade de Port-Saïd ;

Soit 48 remorqueurs auxquels nous ajoutons :

4 remorqueurs puissants, à aubes, de la force d'au moins 100 chevaux marins, capables de développer une force de 4 à 500 chevaux effectifs;

Total 52

Ce matériel, Messieurs, semble suffisant non-seulement pour assurer le transit des voiliers, mais encore pour faire face à tous les besoins extraordinaires.

Ainsi, le système de remorquage se présentait à nous avec des certitudes de facilité et d'économie; tandis que le système de touage qui nous entraînait d'abord dans une forte dépense d'installation, nous forçait, en outre, à entrer dans les détails d'un problème assez compliqué, étant donnée la différence qui séparerait la navigation dans les lacs de la navigation dans le canal proprement dit.

Nous n'avons cependant pas renoncé, loin de là, à poursuivre nos études relativement au touage. Les frais de remorquage devant, suivant nos actes de concession, rester à la charge des remorqués, nous tenons essentiellement à pouvoir démontrer que ce service sera organisé dans les conditions d'exploitation les plus économiques. Le système de traction par le touage paraissant présenter, dans ce dernier ordre d'idées, des avantages appréciables, nous poursuivrons les études commencées, et nous procéderons à des essais dans le canal même, de telle sorte que nous puissions l'appliquer, s'il y a lieu, à mesure que le mouvement maritime se développera.

En adoptant, quant à présent, le système de remorquage pur et simple, nous restons, comme vous le voyez, dans notre programme : « Rendre la traversée du canal la plus rapide et la plus facile possible » pour tous les navires et dans les conditions les plus économiques » pour la Compagnie, afin de réserver aux actionnaires les bénéfices » les plus larges. » Nous nous maintenons dans ce programme en naugurant l'exploitation du canal sans grever le capital d'une dépense extraordinaire pour achat de matériel, celui qui appartient à la Compagnie et dont elle aura l'entière disposition après l'achèvement des travaux étant suffisant.

V

Du remorquage.

On pense que les voiliers au-dessus de 500 tonnes devront être remorqués isolément. Les navires d'un tonnage inférieur ne pour-- raient être remorqués que par groupe de 2 ou 3 au plus ; — 4 pour les navires de 150 tonneaux et au-dessous.

L'opinion générale s'est produite de laisser les voiliers de 30 tonneaux et au-dessous passer librement, l'exiguïté de leurs formes leur permettant de naviguer sur le bord du canal sans gêner le passage des steamers et des voiliers remorqués. Il nous a paru, d'ailleurs, intéressant à plusieurs titres de faciliter autant que possible la navigation de petit cabotage qui se trouvera ainsi exonérée des frais de remorquage.

Ici se pose la question de savoir quel sera le meilleur mode à adopter pour relier les navires aux remorqueurs. Il est incontestable que quelques mois après l'ouverture du canal l'expérience aura démontré le système préférable ; mais, désirant ne rien laisser à l'imprévu, nous vous prions d'examiner cette question.

Plusieurs opinions ont été émises, toutes également pratiques et de facile application, vu la largeur et la profondeur du canal.

Les voiliers au-dessous de 500 tonneaux et au-dessus de 30 devant être remorqués par groupes de 2, 3 ou 4, convient-il, pour leur sé- curité et aussi pour la facilité des opérations, de les accoupler, de les remorquer en chapelet ou bien en éventail ? Et si on les accouple, devront-ils l'être au remorqueur lui-même ou entre eux ?

Ces divers systèmes ont leurs avantages spéciaux : l'accouplement permet de mieux gouverner ; l'éventail permet de couper l'amarre d'un seul navire en cas d'accident. Ici encore l'expérience nous éclairera. Peut-être conviendrait-il de laisser le choix des divers modes à employer, suivant les circonstances, aux agents de la Compagnie, puisque les voiliers au-dessus de 500 tonneaux seront remorqués isolément, et que même les navires, vapeurs ou voiliers, dont le tirant d'eau dépassera 7^m,50 seront soumis à des mesures spéciales.

Quant aux frais de remorquage, desquels la Compagnie doit être couverte par les navires remorqués, suivant ses actes de concession, nous nous contenterons de fixer un tarif qui soit la représentation exacte de nos dépenses.

VI

Des croisements.

Dans les commencements de l'exploitation et en attendant que les marins aient la pratique du canal, il a paru utile de ne négliger aucune précaution afin d'éviter tout accident pouvant résulter d'une collision, soit de jour, soit de nuit. En conséquence, les croisements libres de navires en marche seraient en principe interdits le long du canal.

Pour effectuer des croisements réguliers, le canal présente des garages qu'il convient d'énumérer :

1° A Kantara, du kilomètre 44,5 au kilomètre 45,5, un garage présente déjà une largeur plus grande s'ajoutant au plafond normal ;

2° Les grands lacs Amers, garage naturel qui s'étend du kilomètre 98 au kilomètre 114.

A Kantara, le train le moins nombreux stationnerait et le train le plus nombreux croiserait sans s'arrêter.

A la traversée des grands lacs Amers, les trains croiseraient sans s'arrêter.

3° Un garage au lac Timsah est considéré comme devant faciliter les mouvements de transit.

On a proposé un seul train toutes les 25 heures, partant de chacune des extrémités du canal et comprenant la totalité des navires à faire passer.

Nous n'avons pas besoin de vous signaler, Messieurs, la raison qui, dans ce sytème, a fait choisir le terme de 25 heures au lieu de 24 : Vous avez compris que l'on a été désireux de combiner l'opération du passage journalier en concordance avec les marées de Suez.

En indiquant cette organisation, nous n'entendons pas déclarer d'une manière absolue que le croisement des navires en marche serait impossible dans le canal, attendu que sur les canaux de Hollande qui n'ont qu'une largeur au plafond de 10 mètres et sur le canal Calédonien dont la largeur au plafond est de 11^m,60, les navires de toutes dimensions ont la faculté de se croiser, en se conformant toutefois à certaines clauses réglementaires d'ordre. Mais dans le but de ne laisser subsister aucune crainte au sujet des collisions dans cette voie nouvelle, nous n'avons pas hésité à vous proposer d'interdire les croisements dans les commencements de l'exploitation.

Quelques-uns ont pensé, avec notre chef du service de transit, qu'il n'était pas utile de se lier d'avance dans une décision que l'expérience pourrait bien vite infirmer. Le départ quotidien d'un seul train leur paraît une sujétion fâcheuse, surtout pour les steamers postaux, qui ont un très-grand intérêt à traverser rapidement le canal. Ils croient que la Compagnie doit conserver toute liberté à ce sujet. Les trains se formeraient aux deux ports suivant les circonstances.

Les manœuvres seraient d'ailleurs facilitées par les communications télégraphiques reliant toutes les stations.

Ici s'est poséel a question de savoir si les garages de Kantara, du lac Timsah et des lacs Amers étaient suffisants. Prévoyant une différence de vitesse dans la marche des trains et constatant que, pendant les quatre mois de décembre à avril, lorsque s'élèvent des vents violents, à certaines heures de la journée, la marche générale des trains sera forcément irrégulière, on a proposé divers garages à établir le long du canal, ainsi qu'à l'entrée et à la sortie des lacs Amers, ces derniers garages pour le cas où, des navires étant retenus en route, des steamers auraient à les dépasser.

L'établissement de garages multipliés serait sans contredit une facilité de plus apportée aux mouvements dans le canal ; mais si dans nos prévisions nous avons admis un tonnage de 6 millions de tonnes à faire transiter, c'est pour prévoir, dès le début, les nécessités de notre exploitation. Nous ne comptons, pour la première année, ainsi que nous l'avons dit, que sur un mouvement total de 3 millions de tonneaux.

Vous n'ignorez pas, Messieurs, qu'après l'achèvement des travaux, nous conserverons un certain nombre de dragues destinées à entretenir et améliorer le canal. Or, il est évident que, pendant les premières années de notre exploitation, nos travaux d'entretien seront extrêmement restreints. Nous utiliserons donc, et sans grands frais, nos dragues pour creuser des garages sur les points où la nécessité se fera sentir.

C'est pourquoi nous soumettons cette question de garages à votre examen, pour déterminer les emplacements où ils devront être établis au fur et à mesure du développement de notre transit maritime.

Cette étude est intéressante, en prévision du développement que prendra le mouvement maritime à travers le canal, développement qu'il est indispensable de prévoir et pour lequel nous devons être prêts.

Des tableaux graphiques qui sont sous vos yeux permettent de constater que le canal, tel qu'il est construit, se prête à diverses combinaisons de transit, toutes également rapides et faciles, soit que l'on règle d'avance la marche des trains, soit que l'on se prête aux exigences des services postaux et que, dans ce dernier cas, on distingue le transit des steamers du transit des voiliers.

VII

Des marées.

Ainsi que nous l'avons dit plus haut, les trains partant de Suez et de Port-Saïd seraient réglés sur les heures des marées. Bien que les avis soient partagés sur l'influence que pourront avoir les marées dans la portion de canal qui relie la mer Rouge aux lacs Amers, il ne nous paraît pas devoir résulter des inconvénients du terme de 25 heures adopté comme base des opérations de port, les marins étant tous habitués à ce partage du temps et la division des trains, par chaque 12 heures 1/2, pouvant se faire facilement.

Mais il est intéressant de déterminer, pour la pratique des opérations, l'influence réelle qu'auront les marées de la mer Rouge sur le passage du canal reliant Suez aux lacs Amers. Les steamers marchant avec leur propre propulseur et tous les voiliers étant remorqués, si les marées n'avaient aucune influence sur la marche des trains, la séparation du temps par périodes régulières de vingt-quatre heures rendrait peut-être plus simples les opérations sur toute la ligne.

VIII

Du Pilotage.

En forçant tous les voiliers d'une jauge supérieure à 30 tonneaux à se faire remorquer, la Compagnie du canal de Suez encourt, elle le sait, une responsabilité. Cette responsabilité seule lui ferait un devoir de diriger les manœuvres des voiliers, si le grand intérêt de la conservation du canal n'était pas une raison suffisante pour elle de placer à bord un de ses agents connaissant la navigation dans le canal et ses ports.

D'un autre côté, en accordant aux steamers le libre parcours du canal, elle doit s'assurer de l'exécution des règlements et veiller à ce que les manœuvres ne tournent pas au détriment des travaux.

Chaque navire, steamer ou voilier, sera donc tenu de recevoir à son bord un pilote, aux frais du navire, conformément à nos actes de concession.

La Compagnie pourra placer deux pilotes à bord des navires de très-fort tonnage, si elle le juge utile.

Cette obligation de recevoir un pilote à bord devra-t-elle également-ment s'étendre aux voiliers n'ayant pas 30 tonneaux de jauge? Les uns pensent que cette mesure serait contradictoire avec les raisons qui nous ont déterminé à proposer d'exonérer les barques des droits de remorquage dans l'intérêt du développement du petit cabotage entre les deux mers; ils la croient même inutile, comme acte de prudence, les marins n'ayant aucun intérêt à s'échouer et leur échouage, même, ne pouvant pas porter obstacle au grand transit, puisque ces barques naviguent sur les bords du canal.

D'autres pensent que si les marins de petit cabotage n'ont aucun intérêt à s'échouer, peut-être quelques-uns en trouveraient-ils à se faire couper par un steamer dans le but de rechercher des dommages-intérêts. Ils disent, d'un autre côté, que cette mesure, dans tous les cas, ne peut qu'être favorable à la sécurité du canal, et serait avantageuse aux caboteurs, car elle entraînerait la responsabilité de la Compagnie dans leurs opérations maritimes, avantage qui serait loin d'être compensé, pour eux, par la redevance modique que les frais de pilotage leur occasionneraient.

Il conviendrait, peut-être, de prendre à cet égard la décision la plus libérale.

Et à propos de la responsabilité encourue par la Compagnie dans le fait de l'organisation de son service de pilotage, nous n'hésitons pas à reconnaître, Messieurs, que la Compagnie du canal de Suez l'accepte entièrement, sous les réserves d'usages, formulées dans les règlements de navigation.

Nous ne saurions trop effacer de l'esprit des marins qui traverseront le canal toute espèce d'incertitude ou de préoccupation.

La longueur du canal serait partagée en trois zones de pilotage. Les mêmes pilotes ne conduiraient les navires que pour le tiers du passage environ. Cette combinaison présente un double avantage de sécurité : d'abord les pilotes ne supporteront pas une longue fatigue; ensuite ils connaîtront mieux les conditions de navigation de la partie du canal qui leur sera réservée.

Le service du transit entre les deux mers qui fonctionne depuis bientôt trois ans et le mouvement maritime toujours croissant de Port-Saïd ont permis au chef du service de remarquer les hommes qui se distinguent déjà par leurs aptitudes spéciales et la connaissance du canal.

IX

De l'éclairage et du balisage.

Vous avez sous les yeux, Messieurs, le tracé du canal maritime.
Sur les canaux maritimes de Hollande, sur le canal Calédonien et
sur le Bas-Danube, la navigation de nuit est permise aux navires
de toutes sortes et de toutes dimensions. Des précautions sont prises
pour les nuits obscures et les brouillards. Le climat de l'Égypte
affranchit le canal de Suez de ces inconvénients.

L'éclairage et le balisage du canal peuvent se diviser en trois
parties distinctes :

1° Le canal proprement dit;

2° La traversée des lacs ;

3° Les ports.

Quant au canal proprement dit, on a constaté l'opinion unanime
des marins déclarant qu'un éclairage serait plutôt nuisible qu'utile.
En effet les canaux de Hollande, le canal Calédonien et le Danube
ne sont nullement éclairés.

Cependant, l'avis a été exprimé de l'utilité qu'il y aurait à ce
que la position et la direction de la ligne médiane du canal fussent
indiquées par un bon système de balisage pendant le jour et de
feux de direction pour la navigation de nuit. Il conviendrait, suivant ceux qui ont déclaré cette nécessité, d'établir dans les parties
du canal où la largeur à la ligne d'eau est de 100 mètres, c'est-à-
dire où les berges se trouvent trop éloignées de la cunette centrale
pour indiquer suffisamment la route médiane à suivre par les na-

vires, soit une longueur de 87 kilomètres, sur chaque rive, à 30 mètres de l'axe, une ligne de balises hautes de 3 mètres au-dessus de l'eau, espacées entre elles de 500 mètres, rouges sur la rive Afrique et noires rayées de blanc sur la rive Asie, situées vis-à-vis l'une de l'autre et correspondant exactement au kilométrage du canal.

Dans les courbes, les balises seraient plus rapprochées et espacées seulement de 250 mètres ; soit 400 balises environ pour cette partie du canal.

Ces balises ne pouvant pas être vues pendant la nuit, la direction serait indiquée aux navires par de simples feux de lanterne, placés sur les balises de deux en deux kilomètres, rouges sur la rive Afrique et blanches sur la rive Asie.

Dans les courbes, ces feux ne seraient placés que d'un seul côté, sur la rive convexe, de la couleur correspondante à cette rive, mais sur toutes les balises espacées en ces endroits de 250 mètres seulement.

La position des courbes serait, de plus, indiquée en plaçant à chaque sommet d'angle un fanal muni d'un feu d'une portée de 5 kilomètres. Les fanaux placés sur la rive Afrique seraient à feu rouge, et ceux de la rive Asie à feu blanc.

Les courbes dont il s'agit sont celles comprises entre Kantara et le seuil d'El-Guisr et entre Chalouf et Suez.

Dans le passage des seuils, le Canal ne serait ni balisé ni éclairé ; mais, à la double courbe du seuil d'El-Guisr et à la courbe de Toussoum, il suffirait de placer de simples lanternes aux extrémités, sans fanaux de sommets d'angles.

Enfin, dans le garage de Kantara, on placerait sur la ligne médiane de la largeur de la gare une ligne de bouées, distantes de

100 mètres, et on l'éclairerait à l'aide d'un ou deux fanaux munis de puissants réflecteurs, ou au moyen d'une série de réverbères placés sur chaque rive.

Telle est l'organisation d'un système d'éclairage et de balisage du canal proprement dit, proposée par quelques-uns de nos ingénieurs.

D'autres ne pensent pas qu'il soit nécessaire de baliser ni d'éclairer d'une manière si complète le canal. Ils constatent que les feux peuvent être nuisibles et considèrent que les pilotes qui seront chargés de la conduite des navires connaissant parfaitement les divers profils du canal, le balisage serait inutile. Des bouées ne seraient installées que dans la traversée des lacs Amers et du lac Timsah, bouées limitant la partie navigable. A l'appui de cette opinion on peut citer les rivières dont les chenaux sont sinueux, mobiles même, ainsi que l'entrée de certains ports, difficultés de navigation autrement sérieuses que celle de traverser un canal régulièrement creusé et où les navires seront dirigés par de bons pilotes.

Quelques feux bien placés leur paraissent également suffisants pour guider les pilotes dans la navigation de nuit.

En outre d'un feu placé sur chaque rive aux extrémités du canal, pour en indiquer l'entrée, et de l'éclairage spécial des garages, consistant en deux feux qui indiqueront les limites sur les rives Asie et Afrique, les feux de direction seraient ainsi placés :

> 2 au kilomètre 1 — Port-Saïd ;
> 2 au kilomètre 14 — Raz-el-Ech ;
> 2 au kilomètre 30 ;
> 2 au kilomètre 44 ;
> 2 au kilomètre 60 ;
> 2 au kilomètre 75 ;
> 4 sur les rives ouest et est du lac Timsah, pour limiter le bassin dans sa largeur :
> 2 au kilomètre 78 ;
> 2 au kilomètre 95 ;
> 2 au kilomètre 133 ;
> 2 au kilomètre 147 ;
> 2 au kilomètre 162.

Cette combinaison économique et simplifiée tient un grand compte, comme vous le voyez, Messieurs, de la connaissance complète que les pilotes auront du canal. Elle laisse aussi à l'expérience le soin de démontrer la nécessité d'un éclairage plus étendu.

2° *Traversée des lacs.*

A. — Lac Timsah.

Le canal traverse en courbe le lac Timsah. Les uns voudraient que l'on plaçât un fanal à feu rouge au sommet d'angle, visible dans toutes les directions et d'une portée de 5 kilomètres. Le contour de la courbe serait indiqué par des lanternes à feu blanc placées sur la rive Asie. Une double ligne de balises déterminerait la position et la direction du chenal. Dans la partie sud de cette portion du canal qui se trouve endiguée d'une manière à peu près continue, on placerait des poteaux d'amarrage à raison de dix par kilomètre sur chaque rive, en choisissant les points où existent les berges. Dans la partie nord, où il n'existe point de digues, les poteaux d'amarrage seraient remplacés par des bouées mouillées sur corps morts et placées à une vingtaine de mètres en arrière des lignes de balises.

D'autres proposent, vu le peu de longueur de la traversée et la nécessité probable d'y faire des croisements en marche de jour et de nuit, une double rangée de bouées placées alternativement sur babord et tribord, de 150 mètres en 150 mètres. Dans la partie du lac où se feront les croisements, c'est-à-dire du kilomètre 75 au kilomètre 78, les bouées de la rive Afrique seraient disposées de manière à permettre aux navires de s'y amarrer.

Des feux de port indiqueraient sur chaque rive l'entrée et la sortie du lac.

B. — Lacs Amers.

A la traversée des grands lacs Amers, la superficie des fonds de plus de 8 mètres aura plusieurs kilomètres de longueur. Les navires n'auront donc pas, dans cette partie, à se maintenir dans un chenal.

En outre des feux de port indiquant l'entrée et la sortie des lacs, la direction médiane de navigation serait indiquée dans chacun des deux sens de marche au moyen de deux feux fixes, l'un placé au sommet d'angle, l'autre en arrière au-delà de la ligne des eaux.

Les feux de sommets d'angle seraient rouges, de quatrième ordre, petit modèle, ayant une portée de 5 milles ou 9 kilomètres et élevés de 6 mètres au-dessus du niveau de l'eau. Ces feux seraient montés sur bateaux solidement mouillés sur trois chaînes. En effet, le fond du lac, dans toute la partie navigable, est formé d'une couche de sel qui a jusqu'à dix mètres d'épaisseur et qui se dissoudra en partie lors de l'introduction des eaux ; on ne pourrait donc pas, quant à présent, y faire une construction fixe.

Les feux d'arrière seraient blancs, de quatrième ordre, grand modèle, d'une portée de 10 milles ou 10 kilomètres et élevés de 20 mètres au-dessus du niveau de l'eau.

En tout, deux feux rouges et quatre feux blancs, signalant l'entrée des chenaux endigués à chacune des extrémités des grands lacs, soit un feu rouge sur la rive Afrique et un feu blanc sur la rive Asie.

Peut-être pourrait-on remplacer les deux feux de chaque entrée du chenal par un feu unique avec éclats alternativement rouges et blancs, placé sur la rive Afrique.

Les tours des feux serviraient d'amers pour indiquer la direction à suivre pendant le jour. A cet effet, les tours des feux de sommet d'angle seraient peintes en rouge, les tours des feux de terre en rouge rayé de blanc, la couleur noire étant réservée pour les signaux de la rive Asie.

On pourrait également prévoir, lorsque la nécessité s'en ferait sentir, un bateau-amer supplémentaire placé sur chaque direction et muni de simples lanternes rouges et vertes.

M. le chef du transit proposait, pour la traversée des lacs Amers, 8 phares montés sur pieux en fer : 2 à chacune des extrémités du grand lac où commence le déblai sous l'eau et un sur chaque rive pour indiquer la limite navigable du grand bassin. Il plaçait en outre un phare à chaque sommet d'angle des courbes dans le petit bassin où le canal est creusé sous l'eau. Il ne pensait pas qu'il fût utile de placer des feux à terre, les pilotes pouvant se diriger en même temps sur les feux d'avant et les feux d'arrière, ainsi qu'ils le pratiquent dans presque tous les ports où les phares d'entrée leur servent de direction pour la sortie.

Le pourtour des profondeurs de 8 mètres serait délimité par deux lignes de grosses bouées, rouges du côté Afrique, noires rayées de blanc du côté Asie, les dites bouées étant placées dans chaque ligne à des distances d'un kilomètre l'une de l'autre.

Les petits lacs Amers seraient absolument éclairés et balisés comme le canal proprement dit. Ceux qui ne sont pas d'avis d'éclairer ni de baliser le canal proprement dit ont toutefois émis l'opinion d'installer le balisage et l'éclairage dans les petits lacs Amers, continuant en quelque sorte le système installé dans les grands lacs, en rapprochant les bouées.

Ces indications sommaires vous permettront, Messieurs, d'examiner les divers plans d'éclairage et de balisage qui vous ont été soumis.

Cette fois encore, nous poursuivons le double but d'assurer à la navigation dans le canal la plus grande sécurité possible en recherchant les moyens les plus simples et les plus économiques d'atteindre ce résultat.

3° *Ports.*

A. — Port-Saïd.

Vous avez sous les yeux, Messieurs, le plan de Port-Saïd.

Trois fanaux de ports de quatrième ordre seraient placés respectivement au musoir de la jetée de l'ouest, au musoir de la jetée de l'est, et à l'entrée du chenal proprement dit, côté Asie.

Notre chef du transit pense qu'il sera utile de déterminer par des bouées d'amarrage les emplacements de mouillage dans les bassins.

B. — Suez.

Un feu rouge serait installé sur le musoir de la digne ouest de la courbe de sortie pour indiquer l'entrée du chenal.

Il appartient au gouvernement égyptien de s'entendre avec la Compagnie pour l'installation du système d'éclairage des côtes de la mer rouge et de la Méditerranée. Outre un phare de premier ordre à Port-Saïd, deux phares de même portée au Cap Burlos et à Damiette sont déclarés par nos ingénieurs indispensables à la sécurité de la navigation méditerranéenne qui attérira les côtes basses de l'Égypte pour entrer dans le canal.

X

Du mode de mesurer le tonnage.

L'article 17 de notre acte de concession détermine ainsi qu'il suit le mode de péage dans le canal.

« Pour indemniser la Compagnie des dépenses de construction, d'entretien et d'exploitation qui sont mises à sa charge par les présentes, nous l'autorisons, dès à présent et pendant toute la durée de sa jouissance, telle qu'elle a été déterminée par les paragraphes 1 et 3 de l'article précédent, à établir et percevoir, pour le passage dans les canaux et les ports en dépendant, des droits de navigation, de pilotage, de remorquage, de halage ou de stationnement, suivant les tarifs qu'elle pourra modifier à toute époque sous la condition expresse :

» 1° De percevoir ces droits sans aucune exception ni faveur, sur tous les navires, dans des conditions identiques ;

» 2° De publier les tarifs trois mois avant la mise en vigueur dans les capitales et principaux ports de commerce des pays intéressés ;

» 3° De ne pas excéder, pour le droit spécial de navigation, le chiffre maximum de 10 francs par tonneau de capacité des navires et par tête de passager. »

Notre règle de conduite est toute tracée dans le libellé de l'article 17 de notre acte de concession. Notre préoccupation constante doit être de percevoir des droits strictement égaux pour les navires de toutes les nations.

Tous les navires sont porteurs de permis de navigation sur lesquels le tonnage officiel est indiqué. Le jaugeage déterminé dans chaque pays pour servir de base à la perception des impôts ou droits de toutes natures que les navires ont à payer est donc très-exact en principe.

Mais, ainsi que vous ne l'ignorez pas, Messieurs, la méthode de jaugeage diffère d'une manière très-sensible suivant les pays, et la Compagnie ne peut percevoir ses droits dans des conditions qui avantageraient certains pavillons.

On peut dire que la comparaison entre les trois méthodes de

jaugeage, française, anglaise et américaine, donne pour résultat qu'un navire jaugé 300 tonnes en France ne serait jaugé en Angleterre que 250 tonneaux et 150 à 200 en Amérique.

Il convient, en conséquence, d'adopter comme tonneau marin type l'un des tonneaux de mer actuels les mieux établis, satisfaisant en même temps et les intérêts de la Compagnie et ceux de la marine.

La jauge officielle française serait sans contredit tout à l'avantage de la Compagnie; mais peut-être donnerait-elle lieu à de justes réclamations. Le tonneau officiel anglais paraît se présenter comme un excellent terme-moyen.

Une fois le tonneau-type adopté, la question se simplifie : il suffirait, en effet, d'établir avec exactitude le rapport existant entre le tonneau-type choisi par la Compagnie pour servir de base à la perception de ses droits et ceux des autres nations maritimes.

A présentation des permis de navigation portant la jauge officielle, on surtaxerait ou détaxerait les navires des différences en plus ou en moins qui existeraient entre leur tonnage établi d'après les mesures de leur pays et le même tonnage rapporté au tonneau-marin type de la Compagnie.

L'opinion a été exprimée de tenir compte, dans une certaine mesure, du chargement réel du navire toutes les fois que ce chargement réel dépasserait la jauge officielle déclarée. Il s'agirait, ici, d'interpreter l'article de notre acte de concession qui détermine le droit de péage. Nous n'hésitons pas à admettre l'interprétation la plus libérale et à adopter, comme base de perception, le mode le plus avantageux pour le Commerce, soit la base du jaugeage officiel.

Le tonnage proportionnel appliqué à tous les navires suivant un barème rendu public et qui aurait le mérite de déterminer une perception égale pour tous les navires ne serait pas une innovation :

cette manière de procéder, simple et équitable, découlant logiquement des termes de notre acte de concession, est appliquée sur le Bas-Danube, en vertu d'une convention internationale.

Nous appelons votre examen le plus attentif sur l'adoption du tonneau-type et l'application proportionnelle de ce tonneau au tonneau officiel des diverses nations ; et permettez-nous, Messieurs, d'émettre le vœu que la mesure prise par la Compagnie universelle du canal maritime de Suez devienne l'occasion d'une entente internationale, désirée par tous les marins, pour l'adoption d'un même mode de mesurage officiel des navires chez toutes les nations.

CONCLUSION

Tel est, Messieurs, l'exposé des diverses questions que nous avons l'honneur de soumettre à votre examen éclairé.

Tous les plans et documents qui vous sont nécessaires seront mis à votre disposition.

Nous vous remercions encore une fois du concours que vous voulez bien nous prêter. Nous n'attendons que l'expression de votre opinion si autorisée pour faire connaître à la marine universelle les conditions dans lesquelles le canal maritime de Suez sera définitivement livré à la navigation le 1er octobre 1869.

RÉSUMÉ.

QUESTIONS SOUMISES A L'EXAMEN DE LA COMMISSION.

1° Quelle vitesse minimum doivent atteindre les navires pour pouvoir gouverner dans les diverses sections du canal, en tenant compte de leur nature et de leurs dimensions :

a. — En temps calme ?

b. — Avec vent bon frais, soufflant par le travers ?

2° Quelle vitesse maximum pourront atteindre ces mêmes navires, sans menacer sérieusement les travaux exécutés dans les diverses sections du canal :

a. — En temps calme ?

b. — Avec vent bon frais, soufflant par le travers ?

3° Combien de voiliers pourront-ils être remorqués en un seul train, en tenant compte des diverses natures de bâtiments ? et quel mode de remorquage assure la plus grande sécurité ? savoir :

a. — L'accouplement au remorqueur ?

b. — L'accouplement des voiliers entre eux ?

c. — Le remorquage en chapelet?

d. — Ou bien le remorquage en éventail?

4° Sur quels points du canal convient-il d'étudier la création de garages destinés à faciliter les croisements à mesure que le transit se développera?

5° *a*. — Quelle sera l'influence des marées de **Suez** sur la navigation, dans la partie du canal qui relie le port aux lacs Amers?

---

b. — Cette influence doit-elle astreindre la Compagnie à y subordonner ses opérations de transit des voiliers, en divisant le temps par périodes de vingt-cinq heures au lieu de vingt-quatre?

6° L'obligation de recevoir un pilote à bord doit-elle s'étendre aux navires d'un jaugeage inférieur à 30 tonneaux?

7° Y a-t-il lieu d'éclairer et de baliser le canal dans toutes ses parties?

Et quel mode convient-il d'adopter dans les parties à éclairer et à baliser? soit :

a. — Dans les portions du canal proprement dit?

b. — Dans le lac Timsah?

c. — Dans les grands lacs Amers?

d. — Dans les petits lacs Amers?

e. — Dans les ports?

8° Quel tonneau-type convient-il d'adopter comme base de la perception des droits?

9° Quel rapport existe-t-il entre le tonneau-type choisi et les tonneaux officiels des diverses nations?

Paris, le 16 octobre 1868.

Le Président,

Ferd. de LESSEPS.

IMPRIMERIE CENTRALE DES CHEMINS DE FER. — A. CHAIX ET Cⁱᵉ, RUE BERGÈRE, 20, A PARIS. — 11248-8.

www.ingramcontent.com/pod-product-compliance
Lightning Source LLC
Chambersburg PA
CBHW051738050726
47598CB00003B/1235